U0003666

Smile, please

smile 124

【跟一行禪師過日常】怎麼吃

作者：一行禪師（Thich Nhat Hanh）
譯者：吳茵茵
責任編輯：潘乃慧
封面設計、繪圖：王春子
校對：呂佳真
法律顧問：董安丹律師、顧慕堯律師
出版者：大塊文化出版股份有限公司
台北市105022南京東路四段25號11樓
www.locuspublishing.com
讀者服務專線：0800-006689
TEL：(02)87123898　FAX：(02)87123897
郵撥帳號：18955675　戶名：大塊文化出版股份有限公司
版權所有　翻印必究

總經銷：大和書報圖書股份有限公司
地址：新北市新莊區五工五路2號
TEL：(02) 89902588　FAX：(02) 22901658
初版一刷：2015年10月
初版二十三刷：2024年7月

定價：新台幣160元
Printed in Taiwan

一行禪師
Thich Nhat Hanh

怎麼吃

How to Eat

吳茵茵　譯

目錄

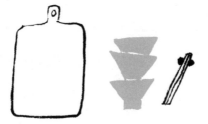

飲食筆記

正念飲食

要培養正念,就是繼續做平常的活動,不管是走路、坐著、工作、吃東西或其他,全部帶著正念覺察來進行。吃東西時,知道自己在吃東西。開門時,知道自己在開門。心與行動同在。

把一片水果送入口中時,只要一點點正念就能覺知:「我正在把一片蘋果放入嘴裡。」

心不需要跑到其他地方。如果一邊咀嚼、一邊想著工作，就不是以正念進食；把注意力放在蘋果上，才叫作提起正念。這時再深入觀看，剎那間看到了蘋果種子、美麗的果園、晴朗的天空、農夫、採摘蘋果的工人等等。一顆蘋果得來不易啊！

一切皆非憑空而來

稍微提起正念，就能確實看到麵包從何而來。麵包不是憑空出現，而是來自麥田、來自辛勤耕種的農夫，還有麵包師傅、供應商和販售商。但麵包不是只有這樣而已；麥田還需要雲朵和陽光。因此，這一片麵包裡含藏著陽光、雲朵、農夫的辛勞、磨成麵粉後的喜悅、麵包師傅的技術，然後才出現這塊麵包，好像奇蹟一樣！整個宇宙凝聚力量，好讓這塊麵包出現在你手上。要體悟這番道理，不用下多大的工夫，只要不被心的煩惱、思考和計畫帶著走就好。

身體屬於大地

在現代生活裡，大家往往認為身體屬於自己，所以可以隨心所欲對待自己。但你的身體不只是你的，還屬於祖先、父母和未來子孫，也屬於社會和眾生。你的身體之所以存在，是樹木、雲朵、土壤和每個生命體共同成就的。如果我們知道自己是身體的照顧者而不是擁有者，就能用心飲食。

食而不想

我們吃東西時通常會一邊想事情。練習吃東西時不亂想，覺察食物就好，這樣更能享受進食的過程。有時候，我們心不在焉地吃。沒有用心、心不在當下，就會視而不見、聽而不聞、食而不知味；這就是忘失、沒有正念。要確實活在當下，就要把思緒停下來。這是成功的祕訣。

等而不等

我們取菜之後端到桌上，等著其他人夾菜就座時，不用覺得自己在等待，只要呼吸和享受坐著的感覺就好。我們還沒開動，但已經感受到喜悅和感恩。從坐下來到開始用餐這段空檔是練習心平氣和的機會。

在雜貨店、餐廳排隊或等待開動的時候，我們不用浪費時間。我們一秒鐘也不用「等待」，而是享受吸氣與呼氣，為自己帶來滋養與療癒。利用這段時間來感受我們很快就能享用食物，而且用餐時可以愉快地享用、心懷感恩。我們不用等待，而是讓喜悅生起。

慢下來

能夠慢下來、好好品嚐食物，就增加了生命的厚度。我喜歡靜靜坐著吃飯，享受每一口食物，同時覺知周圍群眾的存在，覺察到食物背後的辛勞與愛心。這麼用餐時，不只是身體受到滋養，心靈也得到滋潤。我用餐的方式會影響一整天做的其他事。

進食是禪修的時刻，就跟坐禪和行禪的時刻一樣重要。用餐是接受大地供養的機會；如果心不在焉，就沒辦法從中受益。吃飯時，我喜歡念誦以下這首偈頌：

在時空的次元裡，

咀嚼就跟呼吸一樣充滿韻律。

傳承所有祖先的生命，

為子孫開展一條上行之路。

　　我們可以利用吃飯時刻滋養上一代傳下來

的最佳事物，同時把最珍貴的部分傳承給下

一代。

把心放在兩件事情上就好

用餐時，可以只注意兩件事：正在享用的食物，以及周圍一同坐著用餐的朋友。這叫作對食物了了分明，以及對群體了了分明。以正念進食，就會覺察到盤中飧是來自天地的孕育和眾人的辛勞。跟其他人一起用餐時，可以去體會這是多麼美好的時光：在這忙亂的生活中，我們竟然能撥出時間一起放鬆地坐著享用餐點！能夠念念分明與家人朋友一同呼吸、坐著吃飯，就是真正在營造社群。

一湯匙，一世界

用心觀照每一湯匙的食物。舀起一匙食物時，用正念來覺察這口食物是整個宇宙送來的禮物。天地共同合作，你才有辦法享用這一匙食物。以正念呼吸的時候，只需要一、兩秒鐘就能體認到這個道理。用餐時，是每一口食物、每一個當下都帶著正念。不用幾秒鐘，就能看到湯匙裡的食物是整個宇宙的禮物。帶著那樣的覺知來咀嚼食物。一邊細細品嘗的同時，我們知道那一口食物含藏著整個宇宙。

首先觀呼吸

端著食物坐下來後，第一件事是停止妄念、覺察呼吸。呼吸的方式要能帶來滋潤。你被呼吸滋潤，而你以正念觀照呼吸的同時，也在滋潤其他人。我們彼此滋潤。

關掉電視

大家有時會邊吃飯邊看電視。但就算把電視關掉，心中的電視還是繼續播放，所以腦袋裡的電視也要關掉。如果腦子繼續思考，注意力就會分散。要真正處在當下，不只要關掉屋裡的電視或廣播，也要關掉心中的對話和影像。

吃多少才夠

要覺得受到滋補，其實不用吃很多。全心全意地品嚐每一口食物，那麼每一口食物都會帶來平靜快樂。如果內心充滿以正念進食的喜悅，就會發現即使吃得較少，也能自然感到滿足。

煮飯做菜

做菜時帶著藝術性的覺察力，菜餚就會美味又健康。把正念與關愛放入菜餚裡，對方吃的就是你的愛心。他們用身體和心靈全然享用你準備的這一餐，就像在欣賞一件美麗的藝術作品。吃飯不只是滋補身體，更是滋潤心靈。

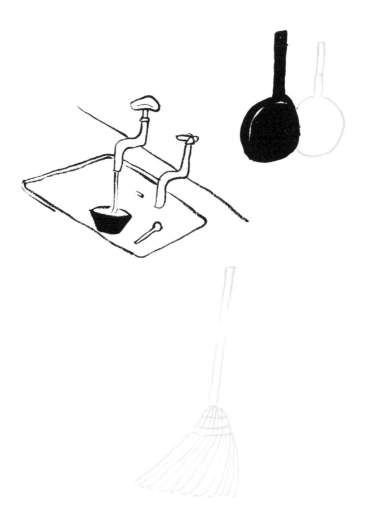

廚房

在廚房裡煮飯清掃時練習正念覺察，廚房就成了禪修的空間。我們可以期許自己用輕鬆而莊嚴的方式煮飯清掃，跟隨呼吸，專注於手頭上的事情。就算跟其他人一起在廚房裡幹活，也不用閒話家常，需要時簡短交代一下工作狀況就好。

廚房裡的佛壇

你可以在自家廚房裡安裝一個小佛壇，提醒自己煮飯時要了了分明。佛壇只需一個小架子，上頭有足夠的空間擺香座，也許再擺一只小花瓶、一顆美麗的石頭、祖先或精神導師的小相片，或是一尊佛像——只要是對你最有意義的都可以。進到廚房時，可以先上香和練習正念呼吸，這麼一來廚房就成了禪堂。

不慌不忙地煮飯

做菜時要預留足夠的時間，才不會覺得匆忙。體認到自己和家人的身體都依賴正在準備的食物，這份覺察就會引導我們帶著滿滿的愛心和正念的專注力來烹調健康的食物。

切菜時練習靜心

切菜、烹調、洗碗、澆菜、開車或工作時，
都可以練習靜心。練習釋放身心的緊張，練
習一心不亂地做事。在廚房裡工作的時刻也
是禪修時刻。

擺設餐具

正念用餐是重要的練習。我們把電視關掉、放下書報,大家一起用五或十分鐘的時間擺餐具、做準備。在這幾分鐘,我們可以非常開心。食物端到桌上,大家都坐定後,我們練習呼吸,重複三次:「吸氣,讓身體平靜下來。呼氣,微笑。」三次這樣的呼吸之後,就能完全恢復精神。

帶著歡喜心做菜

烹飪能帶來許多樂趣。在盆子裡放水洗菜時,我會深入觀看那盆水,好見到水的美好本性。我體認到水來自高山或地底,然後直接流進我們的廚房裡。我知道有些地方的居民為了取得用水,必須走好幾哩的路,才有辦法扛一桶水回來。在這裡,我一打開水龍頭就有水。我體認到乾淨的水資源有多麼珍貴,因此很珍惜自己的用水。我也珍惜開燈、燒水時使用的電力。我只要想到用水用電是那麼方便,心中馬上生起歡喜。我在削

菜煮菜的過程中，可以帶著正念和愛心。做菜燒飯，就是為家人朋友帶來滋養與關愛。在準備餐點的過程中，我很容易找到平靜與喜悅。深入觀看一顆番茄、一串葡萄或一塊豆腐，可以見到這些食物的美好本質，觀照到食物如何從土壤、陽光、雨水和種子取得養分而生長。盡量把生活安排好，才有足夠的時間和力氣，心平氣和、悠悠哉哉地煮飯。廚房裡愛與和諧的能量，將滲透到你正在為家人和自己烹煮的食物裡。

一粒米，一世界

看著一粒米時，一剎那的正念與專注，能讓我們見到這粒米含藏整個宇宙 —— 雨水、雲朵、大地、時空、農夫等等。正念與專注能帶來智慧，讓我們瞬間從一粒米看到一世界；這是剎那發生的。只要有正念和專注，就會產生觀慧。把一粒飯放入口中，就等於把整個宇宙放入口中。只要停止妄念，就有可能體會這樣的境界。咀嚼那粒米時，只要咀嚼就好，才不會因為念頭紛離而無法體會這美妙的一刻。

交流

在某些傳統裡，僧眾不能想著食物，而要一心專注於修道生活的功德。我的禪法卻恰恰相反。我們吃飯時，就把心放在上頭，把食物視為宇宙。天主教進行聖體聖事的聖餐儀式時，要把無酵餅視為耶穌的身體。在佛教裡，我們把一塊麵包視為宇宙的身體，那塊麵包體現了萬事萬物。念念分明地咀嚼，沒有胡思亂想，就能清楚看到那塊麵包含藏的一切。這就是為何正念分明地咬下一口麵包、好好咀嚼時，能夠和生命各個層面真正交流。

慢慢來

從容用餐是很好的，因為用餐時刻可以非常快樂。悠哉地享用早餐、午餐和晚餐。享受你的餐點。止住所有妄念，讓身心全然享用食物。

宇宙大使

拿起一根玉米時,請花一秒鐘看一下。你可以看到大地、陽光和雨水都在玉米裡。萬物共同努力,孕育出你手上的那根玉米。因此,玉米是來滋養你的宇宙大使。只要一、兩秒鐘,就能體會這個道理。咬下玉米時,請正念分明地咀嚼,那就等於是在跟宇宙打招呼!

咀嚼食物而不是煩惱

我們吃東西時，有時想的不是食物，而是過去或未來，或是在煩惱憂慮上不停打轉。因此，不要想著生意、辦公室，或現在沒發生的事情。別咀嚼心中的煩惱、恐懼或憤怒。如果你反芻的是計畫和焦慮，就很難對每一口食物心懷感激。只要咀嚼食物就好。

得到練習的滋養

盡量處在當下，享受眼前的食物，心喜同坐一桌的人。咀嚼時，不要閉上眼睛或視線低垂，可以張開眼睛。如果跟別人一起用餐，可去留意他們是有生命的、平安無恙的。帶著覺察咀嚼時，帶來滋養的就不只是食物，也受到修習正念、平靜和快樂的滋潤。咀嚼時也要覺知呼吸；享受呼吸的同時，感恩自己有能力進食，從食物中吸收養分。

以食為藥

我們用餐前念誦的「食存五觀」在佛陀時代就有了。在當時的版本裡，食物被視為良藥。但我認為信徒供養佛陀好的食物時，佛陀也是帶著品嚐的心享用，我不認為他把吃飯當成「只是在吃藥而已」。我們知道食物能滋補身體，但也可以抱著欣賞的心情來品味食物。

療癒

念念分明地進食，就能正確攝取所需的食物來維持身心和地球的健康。練習以正念用餐，能為自己和他人減少痛苦。我們開始療癒自己，也幫助世界療癒。身為修行團體的一員、人類大家庭的一分子，我們都能練習正念進食，創造更為永續的生命。

關掉廣播節目

為了帶著喜悅的心情用餐,就得關掉「想個
不停」的廣播節目。用餐時就算身體坐著不
動,心往往也是妄念紛飛。為了真正處在當
下、享用食物,我們得停止喋喋不休的內在
對話。心無雜念地用餐就是自由自在地吃
飯。我們自由解脫,是因為腦子沒有想著過
去、未來或手上的事情。不管是一個人吃,
或是跟家人好友一起,我們都自在地坐著品
味食物。

土壤裡有祖先

你吃的那顆堅果、水果、蔬菜或米飯，都是從土壤吸取養分而生長出來的。土壤裡有許許多多已化為塵土的先人祖宗。在這口飯裡，可能也含藏千百世代的骨頭，還有無數的枯葉、死蟲和動物屍骨。或許你前世也到過那裡、死在那裡，你自己的骨頭也在那片土地裡分解。吃飯時要練習的，就是深入觀看那一粒米，享受成就一粒米的所有因緣。每一口食物裡都有好多元素可以享受、可以體會。

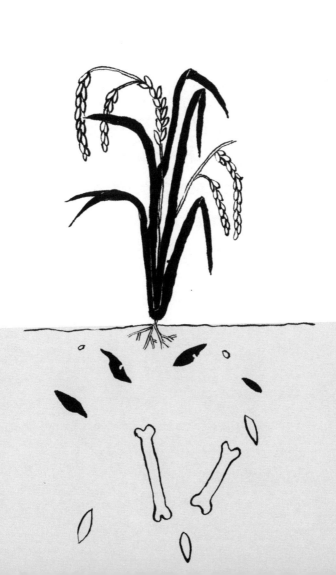

以正念進食就是修行

吃飯時，應該要百分之百為那一餐而在。以正念進食就是修行。如果飲用一杯茶時，每一念都清楚，那麼喝茶的愉悅將不只加倍，因為我們確實在那裡，而茶也確實在那裡；生命是真實的。帶著正念，生命就不是一場夢。

用餐時止語

有時候可以練習用餐時不說話，方便體會正
念進食的滋味。這時，我們把心念放在呼吸
上、食物上，也覺知到周圍一同用餐的人，
這樣就能全然處在當下。

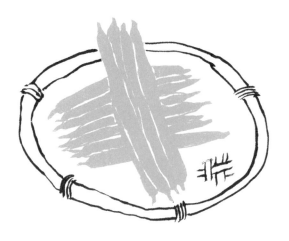

吃一根四季豆

夾起一根四季豆，花點時間體會這是一根蘊藏整個世界的四季豆。有雲、陽光、整個地球，還有農夫的心血。能夠這麼觀照，就具足了智慧。有了智慧，就代表具備了正念和專注。別咀嚼自己的煩惱、苦痛或計畫，這對你的健康沒好處。只要咀嚼那根四季豆就好。

得到當下的滋養

在日常活動中，我們總是急急忙忙地不斷趕場，有空檔時也沒休息，而是規畫未來的事情要怎麼完成。在這樣倉促忙亂、不停策畫的狀態下，我們跟當下隔絕了。進食是回到當下、停止匆忙、放下計畫的機會。

佛陀如何進食

飲食禪是歷史悠久的練習。佛陀在世時跟僧眾一起進食，他們每天都在止語中一同用餐。帶來滋養的不只是食物，還有整個僧團共同以正念飲食的集體能量。我不認為他們吃飯時還在煩惱行程的安排，或是想著過去或未來。我認為他們只是享受在一起的氛圍，享受好好吃飯的感覺。我們吃飯時也可以跟他們一樣。

一餐的價值

要買什麼、要吃什麼時，我們都應該深入思考。我們採買和吃進的食物能造成氣候變遷，或者有助於停止氣候變遷。吃東西是滋養身體的機會，同時也確認自己並未因為口腹之欲而破壞地球。

一餐的價值不只是取決於食材的價格或上餐廳的費用。就算只是煮一鍋飯，稻米生長、收成、經銷和烹煮的過程都歷經艱辛。使用昂貴的食材不見得就是美好的一餐；最好的食物往往很單純。有些東西是超商沒有賣的，就算你家財萬貫也買不到。只有帶著

正念、專注和智慧，才有辦法享用真正豐盛

的一餐。

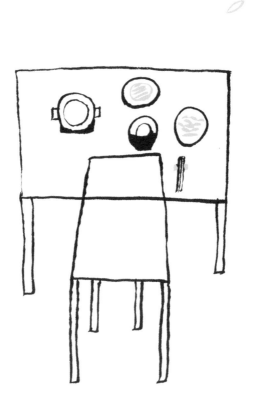

坐著用餐

有時候我們白天匆匆忙忙，只有在趕著去另一個地方的路途上，才能偷空吃點東西。我們在車上吃，或者邊走邊吃。吃東西時，請坐著。坐下來，就是在提醒自己停下一切。沒有要做什麼，也沒有要趕去哪裡。

正念呼吸一次

用餐之前，用正念呼吸一次只需要片刻的時間。讓心回到身體上；身體時時為你敞開大門。你可以把注意力帶離頭部、回到身軀。在把心帶到食物上之前，請先跟身體在一起：「吸氣，我覺察到身體還存在。呼氣，我對身體微笑。」這個身軀是父母和祖先所賜予的。剛出生時，身體非常輕盈。隨著年齡的增長，我們也被煩惱壓得愈來愈沉重，失去了往昔的清新與美麗。正念飲食幫助我們恢復清新的氣息，也滋潤我們的心靈和身體。吃東西時對身體抱著感恩的心，就能吃得更加放鬆、更加喜悅。

正確的食量

進食前，花點時間坐下來好好呼吸，可以感受到身體真正的飢餓。這時就有辦法觀照到自己是因為餓了才吃，還是因為吃飯時間到了、食物已經煮好而吃。如果從容地用心吃飯，會知道自己要吃多少。正念就是對當下情況了了分明。當下的情況就是你還活著，而且還有健康。面前的食物能帶給身體營養，維持身體健康。

靜默的一餐

快樂用餐是可能的,而止語的幫助很大。你可以一週選一餐靜靜地吃。靜默的一餐幫助你回到自己、契入當下。用餐時要做到真正的靜默,還包括關掉腦中的噪音,以及找個安靜的地方享用餐點。也許可以每週固定選擇同一餐,靜靜享用;一個人吃很好,如果有家人朋友想要加入也很棒。止語幫助你回到正念呼吸。你可以停止內心的聒噪,放鬆、呼吸、微笑。這樣的一餐能帶來許多快樂時光。

在谷歌的一餐

我去拜訪谷歌時，跟裡頭的一些工作人員共享靜默的一餐，事後他們有人寫信給我，表示：「我在用餐區從來沒吃過這麼美味的一餐。我好開心，覺得好平靜。整間餐廳坐滿了人，卻沒有人講一句話；大家從頭到尾都靜靜地吃。谷歌成立以來，那是我們第一次這樣用餐。」

安排一餐

你安排每天的活動時，可以預留足夠的用餐時間，地點和食物都要適當。吃什麼很重要。告訴我你吃的食物，我就有辦法說出你是什麼樣的人。告訴我你在哪裡用餐，我就會跟你講你是什麼樣的人。

人如其食。如果深入觀看每天吃的食物和攝取的量，也會漸漸清楚自己的本性。我們必須吃、喝、攝取營養，若不帶正念，這些行動會破壞身體和心識。用餐是感恩前人和來者的機會。

吃是一門藝術

吃得好是一門藝術。吃得好不需要精緻高檔
的烹調技術，但需要練習和專注。你的身體
不只是你的，而是一份禮物，也是一份職
責。要維持身體健康，就要知道怎麼吃。

選擇食物

我們進食和生產食物的方式可能非常暴力，不僅對其他物種暴力，對自己的身體和地球也是如此。但是我們種植、經銷和攝取食物的方式，也可能促進更大的療癒。我們可以有所選擇。

地球因為許多人的飲食方式飽受痛苦。森林被夷為平地，以便種植穀物來飼養牲畜，而飼養牲畜的方式又污染了水與空氣。大量的穀物和水也用來製造酒飲。雖然地球有能

力餵飽全世界的人口，每天還是有數以萬計的孩童死於飢餓和營養不良。

每一餐，我們都在選擇幫助或傷害地球。「今天要吃什麼？」是很深奧的問題，你每天早上都要這麼問自己。練習以正念進食，開始深入觀看攝取的食物，就會發現自己對某些食物的渴望改變了。自己的幸福快樂跟地球的幸福快樂是緊密交織的。

蔬食

聯合國糧食及農業組織（FAO）呼籲為了拯救地球，肉品產業應大幅縮小，規模至少要降低百分之五十。光是成為蔬食者這個簡單的行動，就能對地球的健康造成影響。

　　如果沒辦法完全放棄肉食，還是可以盡量降低肉類攝取量。就算每個月只有五天或十天不吃肉，就已經在幫助地球了。試著減少一半的肉類攝取量，慈悲心會慢慢增長。如果意識到地球因為你的生活方式而有了未來，喜悅就會從心中生起。

地球就是我們

我們的食物來自這座美麗的星球。地球就在我們身內,在每一口食物裡,在我們呼吸的空氣中,在我們飲用及流過全身的水分裡。我們要以身為地球的一員為樂;吃東西時,要能讓自己覺察到每一口食物都在深化自己與地球的連結。

祝你胃口大開！

吃飯前，我們會祝福對方用餐愉快。我們說「請慢用」，就像睡覺前道「晚安」。越南話則說「祝您有甜蜜美味的一覺」。在越南話裡，「美味」一詞永遠跟「健康」一詞相搭配。因此，美味食物必定是健康食物。我們吃美味的食物，才會有力氣、有健康。好吃但破壞身心的食物是不健康的。

正念進食，就在美味地攝取食物。如果你覺得不開心、狀況不夠好，要向修行的前輩請教：「可以幫我解惑嗎？我要怎麼美味地品嚐當下？」

注意自己攝取的食物

在你用餐的地方，桌上也許擺著一碟拌有紅辣椒的調味醬料，令人垂涎欲滴。但深入觀看後，你知道自己對辣椒敏感，吃下去可能會刺激消化系統。因此辣椒雖然美味，可能不利健康。有些食物美味卻不健康，所以對自己準備與吃進去的食物要非常謹慎。食物健康很重要，健康卻不美味也不理想；兩種品質都要照顧到。

被一百條繩子五花大綁

進食是一種修行；這種修行一定要能滋潤自己，對身和心都帶來滋養。吃東西時，如果被擔憂、憤怒、煩躁、壓力和計畫這一百條繩子綑綁，那麼這一百條繩子就是在把你拉往一百個方向；你的食物和進食經驗會變得空虛、毫無價值。這就是為什麼你要妥善規畫，還要抱持這樣的心念：不管什麼時候吃東西，都要自由自在地吃。

禪修為食

禪修練習能帶來滋潤，因此也是一種食物。把佛陀教導的修持法門當作一種食物；任何一種修持都是食物。行禪就像美味的食物，吃東西是美食，坐禪是美食，工作禪也是美食。

嬰兒吃的食物

我開示的時候，聽眾當中常會有幾名嬰兒，其中有些正在吃奶。嬰兒不知道鐘是什麼東西，也不瞭解「正念」一詞，但他們受到母體的滋養，也受到鐘聲和說法之聲的滋潤。在場的聽眾一起呼吸時，嬰兒能感受到深層平靜的集體能量。他們得到各種不同食物的滋潤—— 母奶、鐘聲，還有周圍的集體正念能量。

籌畫一餐

我們可以好好籌畫一餐，讓用餐確實成為修持的時間。一餐飯可以帶來滋養和療癒，可以美味可口又有助於營造平靜的氛圍。很多人擅長籌畫，一天能完成許多事情，有時卻忘了吃飯！他們規畫一天的活動時，沒有把正念用餐考慮進去。規畫一頓飯，要預留進食的時間，而且是不帶煩惱地專注進食。放鬆地吃，讓進食帶給你歡喜。這種吃飯方式不用花多少心思籌畫，影響卻很深遠。

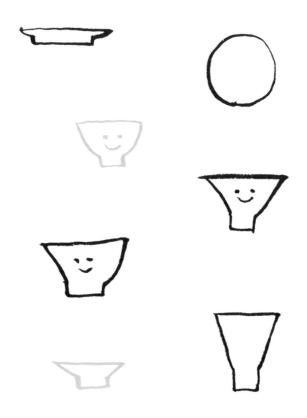

用餐和微笑

坐在餐桌前跟其他人一起用餐時,可以趁這個機會帶給對方友誼和理解的真心笑容。這麼做很簡單,但做的人不多。對我而言,這項練習最重要的部分是看著每個人微笑。家人或團體成員坐在一起卻笑不出來,表示情況非常不妙。用完餐時,稍微花點時間意識到自己吃完了,碗現在是空的,飢餓也被滿足了。這是另一個微笑和惜福的機會:感恩自己有營養充足的食物可吃,還能走在關愛和理解的道路上。

與小孩靜靜用餐

有時候父母想要享受靜靜的一餐，但是認為小孩不會喜歡也沒辦法止語。但其實小朋友能夠靜靜用餐，不管是五分鐘或十分鐘，甚至二十分鐘都有可能。他們非常能夠樂在其中。

培養慈悲

有機會與家人朋友一同坐著享受美食是很珍貴的,不是人人都有這種福報。世界上有許多人活在飢饉之中。我端著一碗熱氣騰騰、營養充足的食物時,知道自己很幸運,同時對沒有足夠食物、沒有家人及朋友的人生起慈悲。我們在餐桌上就能培養慈悲的種子,種子會讓我們下定決心,去幫助飢餓與孤獨的人得到滋養。

用餐時，以正念交談

我不建議每一餐都止語。我覺得交談是維繫感情的好方式，但是要區別不同種類的交談。有些主題會讓大家不和，比如講別人的壞話。如果用餐時間都拿來說長道短，用心準備的食物就會失去價值。談論的話題要能增長對食物的覺察，幫助大家更深刻地體會相處的感覺，這樣才能滋長快樂。

談論的話題如果會破壞我們對周遭人和食物的覺察，那就要避免。如果有人沒用心品嚐餐桌上的美食，淨想著其他事情，比如工作上的困難或朋友間的衝突，這表示他離開了當下，也失去了美食。你可以幫他把注意力帶回到餐點上。

用餐時，迎請鐘聲

在我們的禪修中心，我們在用齋前會迎請三次鐘聲，然後大約有二十分鐘的用餐時間，全程止語。我們吃飯時不說話，全然覺察食物對身心的滋養。為了深化正念進食的練習，也為了維持氣氛的寧靜，我們在止語用餐的過程中一直坐著。用餐結束時，我們會迎請兩次鐘聲，這時就可以用正念跟朋友交談，或是準備起身離開。

早餐的目的

幾年前，我問一些小朋友：「吃早餐的目的是什麼？」一個小男生回答：「為了得到一天所需的能量。」另一個說：「吃早餐的目的就是吃早餐。」我覺得第二個小朋友說的比較正確。吃東西的目的就是吃東西。

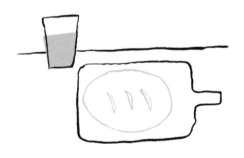

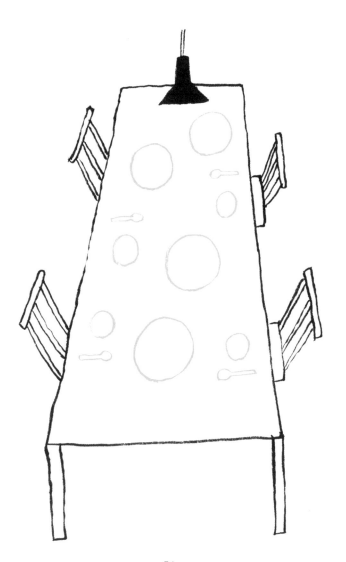

飽滿的人生

覺得空虛時，不用去冰箱找食物吃。如果你這時候吃東西，是因為內心感到空虛寂寞或憂鬱沮喪。日常生活的時時刻刻都能充滿欣喜，從事有意義的活動。我們所屬的社群除了家人、朋友之外，還包括我們跟其他眾生的連結。他們幫助我們脫離這種感覺；我們並非孤軍奮戰。共享一餐不只是為了維持身體運作，或慶祝生命的奇妙，也為了在用餐的整個過程中，體驗處在和諧社群中所帶來的自由、喜悅和快樂。

取得支援

假設你在吃的方面有困難。你吃的超過身體所需，帶來許多煩惱痛苦，那麼要再次帶著歡喜心吃飯，就得下定決心跟支持你的人一起用餐。依靠社群的支持會帶來很大的幫助；不管修持什麼，都需要社群團體的護持。就算你一個人住、沒和團體一起修持，你也不是真的孤單一人。你吃的食物是許多人的心血，而食物裡、身體裡和四周圍都有細菌和微生物存在。你生命的每個細胞裡都有祖先和後代跟你在一起。

確實看見

看著跟我們一起用餐的人，要能全然見到對方只需些許片刻，不用花上兩小時。如果內心確實安定，只需看個幾秒就足以見到一同用餐的朋友。假設全家有五個人，練習「視而見」大概只要五秒或十秒。

享受洗碗

我們還是沙彌時，要為一百位僧人洗碗。那時沒有自來水——沒有冷水、熱水，沒有水龍頭，也沒有洗碗精。你可能會納悶這樣要怎麼洗碗！我們只有灰燼、米糠和椰子皮當作海綿。現在在我的國家，還是有很多人用這些天然材料洗碗；把椰子殼撕下一層外皮，曬乾後就成為鍋碗瓢盆的清洗器具。我們當時還得燒一大鍋水，才有辦法刷洗碗盤。那時我是個小沙彌，得去山上的松樹林撿柴。我們把枯樹枝和松針收集起來，堆成一大堆。光是松針就能拿來生火燒飯煮湯。

我們兩個沙彌要為一百位僧人洗碗。就算沒有熱的自來水和洗碗精，一起洗碗還是趣味十足。有些國家的居家設備先進又舒服，不管是冷、熱水，廚房水龍頭打開就有了。

　　你可以站在這種現代廚房裡享受洗碗。但也許你很懶，看到一大堆髒碗盤疊在那裡，就不想走過去洗。可是一旦你捲起衣袖、站在水槽前，洗碗就不困難了。

　　不管你住在現代化國家，或是只有井水可用，都可以享受洗碗的時光。

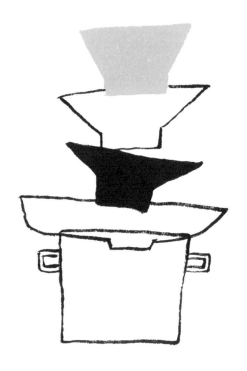

把洗碗當作禪修

如果小佛陀（或小穆罕默德、小摩西或小耶穌）才剛出生，你會想用乾淨的水來幫他洗澡。洗每個碗盤都要像在幫嬰兒洗澡一樣——吸氣，感受喜悅；呼氣，微笑。

每一分鐘都可以是神聖的。你要去哪裡尋找靈性？就在每天的瑣事當中尋求靈性吧。不管是掃地、澆菜還是洗碗，提起正念，這些活動就會變得神聖。帶著正念與專注，一切都充滿靈性了。

飲用一朵雲

就連喝一杯茶那麼單純普通的事，都能帶來極大的喜悅，幫助我們感受與大地的連結。如果用心喝茶，那麼喝茶的方式也能轉化生命。

有時候，我們匆匆忙忙地把日常瑣事做完，就是期待能停下來好好品嚐一杯茶。但好不容易捧著一杯茶坐下來時，心卻繼續跑到未來，無法享受正在做的事情，喪失了喝茶的樂趣。我們要隨時保持覺察，珍重日常生活的每一刻。我們可能認為其他事情都沒有喝茶來得愉快，但如果帶著覺察，就會發

現做那些事也很有趣。

喝茶是我們每天都能享受的樂事。要享用那杯茶，就要全然處在當下，清楚而深刻地體認到自己正在喝茶。

你舉起茶杯時，好好聞一下茶的清香。深入觀看那杯茶，就會發現自己正在喝大地之母贈與的芳香植物。你會看到採茶工人的辛勞；你會看到斯里蘭卡、中國和越南香甜鮮潤的茶園。你知道自己在喝一朵雲、在喝雨水。一杯茶，一世界。

零食禪

一位年輕朋友曾經請我教他練習正念。我給他一顆橘子吃，但他繼續講述他各式各樣的計畫——他為世界和平、社會正義等等所做的努力。他吃橘子時一邊思考和說話。他把橘子皮剝一剝，一次塞入好幾片，隨便嚼一嚼就吞了下去。

我說：「吉米，停下來！吃你的橘子。」他看著我，會意過來。於是他不講話了，開始清楚覺察，慢慢地吃橘子。他把剩下的橘子一片片撥開，聞著橘子的芬芳，一次一片地放入嘴裡，然後感受齒頰間的汁液。吃橘子的目的是什麼？就是吃橘子。你在吃橘子

的時候，吃那顆橘子就成為生命中最重要的事情。

你下次吃橘子時，請把它放在手掌上好好端詳，讓橘子變得真實。這不用花你很多時間，兩、三秒就夠了。你端詳著橘子，會看到美麗的橘子在陽光和雨水的滋潤下，枝葉繁茂、開花結果。你會看到小果實逐漸成形長大，顏色從青綠轉為橘黃。你剝橘子皮，聞橘子的香氣、品嚐橘子的味道，就會非常開心。我們做每件事都可以這樣用心。不管是種萵苣、洗碗、寫詩或輸入一欄欄的數字，都可以帶著專注和覺察來做。

正確的食量

正念飲食幫助我們知道什麼該吃，以及吃多少。我們只拿自己吃得完的量。我們往往忽視適度的原則；很多人應該攝取的食物比每天實際吃下的分量少。我們可以看到吃較少的人比較愉快健康，吃很多的人可能痛苦很深。如果細嚼慢嚥、只吃健康的食物，就不會把疾病帶入身體或心靈。

吃零食

肚子餓時，吃點零食令人心滿意足，但我們往往是一感到寂寞或焦慮就吃零食，也已經養成習慣。正念呼吸一次，就是讓身體「吃點正念零食」；如果有什麼強烈感覺存在，在正念呼吸之後也會意識到而全然接納。正念呼吸一次之後，塞零食以轉移注意力的渴望可能會降低，因為身體得到呼吸的滋潤。

把自己的感覺吃掉

人類有許多感覺，正面、負面的都有。開心時，有些人會吃更多，有些人則是吃更少。有些人悲傷或生氣時會吃，好像在將自己的感覺吃掉，希望感覺會因此消失。這時，食物成了貪欲的對象，而非營養來源。如果沒有深觀貪欲、不瞭解貪欲的性質，那股渴望就會愈來愈強烈。如果撥出時間以正念和慈悲來照顧自己的情緒，那麼吃飯時就是純粹吃飯。我們可以不帶貪欲地享受食物，與進食一事培養健康而正面的關係。

以正念滋養自己

我們有時會打開冰箱，拿出一樣對健康沒好處的食物；這種經驗人人都有。我們夠聰明，知道那樣食物不利健康，卻還是吃了，好掩蓋心中的不安——我們吃東西是為了忘掉憂愁煩惱，壓抑恐懼和憤怒這類負面能量。焦慮的感覺生起時，我們邀請正念展現出能量，而不是去吃東西。練習了了分明地行走和呼吸，以產生正念能量，然後邀請正念能量來處理讓你痛苦的能量。這麼練習下來，就會有足夠的正念能量來處理恐懼、憤怒和其他負面能量。

正念進食，老少咸宜

正念進食是護持自己、家人、社會和地球的練習，而且各個年齡層的人都可以做。組織機構和社會團體的領導者可以以身作則，帶頭示範負責而慈悲的進食方式。如果你是市長、州長或總統，可以鼓勵人民以正念進食，這麼一來社群的暴力和痛苦就會降低。

吃的喜悅

吃東西應該是很快樂的事。我用筷子、湯
匙、叉子或手來取用食物時，會稍微看一下
食物才放進嘴巴。如果我全心處在當下，會
立刻辨認出面前的食物，不管是一顆蘋果、
一根蘿蔔或一塊馬鈴薯。我對食物微笑，放
入口中咀嚼，全然覺知到自己所吃的食物。
我正念分明地細嚼慢嚥，讓生命具有充滿朝
氣、喜悅、穩定和無懼的可能。吃完之後，
我覺得身心靈都得到了滋潤。

飲食觀想

餐前觀想

用餐前稍微觀想食物會帶來很大的快樂。我
們用心觀照食物，讓食物變得真實。食物之
所以出現在餐盤上，是許許多多的人、動
物、植物、礦物和眾因緣條件共同成就的。
我們藉著食物，體會到自己與大地和眾生的
連結。餐前觀想也是在提醒自己曾下定決
心，要用適當的飲食方式維護自己和地球的
健康、幸福。以下的觀想和偈頌有助於我們
練習正念進食。

食存五觀

食存五觀可以在餐前念誦,提醒我們要念念
分明地全然享用餐點。食存五觀可以印出來
大聲念誦,或者背起來。這麼一來,食存五
觀就真正成為吃飯的一部分。

　但食存五觀不只是拿來在餐前閱讀或念誦
而已,否則只會淪為吃飯前應付一下的例行
公事,然後吃飯時又回到邊吃邊打妄想的老
樣子。整個用餐過程,都要盡量實踐食存五
觀。練習正念進食,就有資格享用食物。須
知出現在餐盤上的食物是許多愛心和辛勞
的結晶。

食存五觀

一、這份食物是大地、天空、眾多生命、大量的辛勞與豐沛的愛心帶來的禮物。

二、願我們心懷感恩、正念分明地用餐，才有資格接受這份食物。

三、願我們觀照並轉化不善的心念，尤其是貪心，並學習飲食適量。

四、願我們常保慈悲，飲食方式能減少眾
　　生的苦，不造成氣候變遷，並且療
　　癒、保護這顆珍貴的星球。

五、我們接受這份食物，才能培養同胞情
　　誼、營造社群、增長服務眾生的願
　　心。

大地的禮物

第一觀「計功多少，量彼來處」：這份食物是大地、天空、眾多生命、大量辛勞與豐沛愛心帶來的禮物。

第一觀讓我們體認到食物直接來自天地，是天地孕育的結晶，也是準備食物的人贈與的禮物。煮一餐飯，需要大量的工夫和滿滿的愛心。第一觀讓你體會到一即一切的智慧。拿起胡蘿蔔，就能在剎那間看到，這根香甜味美的胡蘿蔔是天地宇宙共同成就的。

由於許多人的愛心和辛勞，還有眾因緣的和合，你的餐盤上才有辦法出現那根胡蘿蔔。你把胡蘿蔔放入口中時，就能跟整個宇宙相應。你所吃的甜菜、萵苣和麵包，都讓你觸及到食物背後的愛心、辛勞和困難。就算你自己一個人吃飯，也並不孤單；你屬於這個龐大食物供應社群的一員。在食物裡頭，你可以看到許多人的存在和辛勞，這是非常珍貴的。

感恩

第二觀「忖己德行，全缺應供」：願我們心懷感恩、正念分明地用餐，才有資格接受這份食物。

第二觀是覺察到食物的存在，感恩能夠擁有食物。我們不能讓自己迷失在過去或未來裡。既然食物已經為我們到場，我們也要為食物而在，這樣才公平。正念分明地吃飯，你就有資格接受天與地的供養。

深入觀看種植和準備食物所需的辛勞，感恩之情就會油然而生。靠著許多隻手，才有辦法把食物端上桌。正念進食是表達謝意的一種方式，感恩成就這一餐的所有辛勞。

飲食適量

第三觀「防心離過，貪等為宗」：願我們觀照並轉化不善的心念，尤其是貪心，並學習飲食適量。

第三觀是覺察到負面習氣、不被習氣牽著走。我們要學習飲食適量，攝取的食物不多不少剛剛好。飲食不過量非常重要。如果你細嚼慢嚥，就能充分吸收食物的營養。正確的食量就是能幫助我們維持健康的量。

佛陀一直提醒僧人們要飲食適量；飲食適量表示擁有輕盈健康的身體。須知病從口入，因此要好好研究自己吃了什麼，知道什麼該吃、什麼不該吃。設想自己是佛陀，用

佛陀的雙眼來看食物。食物的質和量都很重要。傳統上，每一位出家人都有一個缽，稱為「應量器」。缽幫助出家人知道要拿多少食物。出家人在托缽乞食時，如果施主供養太多食物，他們就會分一些給其他人。因此缽的幫助很大，讓我們精確知道要吃多少食物、食物的品質如何。

減少痛苦的飲食之道

第四觀「正事良藥，為療形枯」：願我們常保慈悲，飲食方式能減少眾生的苦、避免造成氣候變遷，並且療癒、保護這顆珍貴的星球。

第四觀是關於食物的品質。我們決心只攝取對身心都沒有毒害、能維持健康和增長慈悲心的食物。常保慈悲的飲食之道就是正念飲食。

我們有時就算不餓，也會吃東西來掩蓋內心的苦。我們可以不為了掩蓋痛苦而吃，而是在吃的時候承認苦、轉化苦。你甚至會微笑對待自己的苦，因為苦有助於我們脫胎換骨。覺察到苦的存在是很重要的，這樣的覺察幫助我們瞭解苦而產生慈悲力。有了正念，我們再也不怕苦與痛。我們學會善用苦的淤泥來生出蓮花。

養育一切眾生

第五觀「為成道業，應受此食」：我們接受這份食物，才能培養同胞情誼、營造社群、增長服務眾生的願心。

　　第五觀提醒我們要有這樣的體認：接受食物是為了成就道業。人生應該要有意義，也就是幫助人們減少痛苦、觸及生命的喜悅。心中有慈悲，也知道自己有能力幫助他人離苦得樂，這時生命的意義就提升了。人生意義是重要的滋養來源，能帶來許多歡喜。一個人有能力幫助許多生命，不管身在何處，都可以幫助他人。

給年輕人的食存六觀

全家人一起體驗以正念坐著用餐的快樂,是很幸福的。這篇食存六觀特別為年輕人而寫,但任何人都能信受奉行。

一、這份食物是大地、天空、雨水和陽光這整個宇宙的禮物。

二、我們感謝生產食物的人,尤其是農夫、市場商販和廚師。

三、我們吃得下多少食物就夾多少。

四、我們要細嚼慢嚥，才能享受食物。

五、這份食物帶給我們能量，以便練習更
　　有愛心、更善解人意。

六、我們吃這份食物是為了健康快樂，還
　　有像家人一樣相親相愛。

夾菜

> 在這份食物裡
> 我清楚看到
> 整個宇宙現前
> 來支持我的存在。

這首短詩幫助我們體認到，自己的生命跟所有物種的生命都是互相關聯的。進食是非常深奧的練習。在你等著幫自己夾菜，或是等待別人幫你夾菜時，請看著食物微笑。食物包含陽光、雲朵、天空、大地、農夫等一切萬物。

深入觀看一顆桃子，別馬上放入嘴裡。好好看著它、對它微笑。如果你提起正念，就會看到桃子裡頭的陽光。桃子裡有一片雲，有大地，有大量的愛心和眾人的辛勞。接著你品嚐桃子時，要確定咀嚼的只有那顆桃子，而不是專案計畫或煩惱憂愁。享用這顆桃子；桃子是奇蹟，你也是奇蹟，因此撥出時間跟食物好好相處。用餐的每一分鐘都應該是愉快的。有時間和機會像這樣坐下來享用一餐的人不多；我們非常幸運。

看著你的餐盤

這盤食物，
香氣四溢、令人垂涎，
也含藏眾多苦楚。

這首短詩源自越南的民歌。我們看著餐盤，上頭盛滿了香氣四溢、令人垂涎的食物，這時也要意識到飢餓的人所承受的苦楚。每天都有成千上萬的孩童死於飢餓和營養不良。看著餐盤，就看到大地之母、農場工人，也看到食物分配不公的悲劇。

我們住在北美和歐洲的人，已經習慣吃到進口食物，不管是哥倫比亞的咖啡、迦納的巧克力，或是泰國的香米，我們都習以為

常。但是這些國家的許多孩童（除了富有人家的小孩之外）從來沒看過這些上等食品，因為這是專門用來出口賺錢的食物。有些父母窮愁潦倒、三餐不繼，必須把孩子賣給食物充足的人家當幫傭。

用餐前，我們可以正念合掌，想想沒有足夠食物吃的人。我們提起正念，慢慢地深呼吸三次，然後念誦這首偈頌；這麼做能幫助我們維持正念。願我們找到更儉樸的生活之道，才會有更多的時間和精力來改變世界不公平的體制。

開始用餐

　　享用第一口食物時，我培養
　　　帶來喜悅的愛。
　　享用第二口時，我培養
　　　舒緩痛苦的愛。
　　享用第三口時，我增長
　　　活著的喜悅。
　　享用第四口時，我培養
　　　平等對待一切眾生的愛。

　　咀嚼第一口食物時，我們懷著感恩心，發
願為至少一人帶來喜悅。吃進第二口時，我

們發願至少幫助一人減輕痛苦。吃第三口時，我們與生命的美妙相應。吃第四口時，我們培養涵容一切、無所分別的愛。這麼一來，我們便觸及到食物和食物的深層本質。

觀看手中的空碗

我的碗，現在是空的，
即將盛滿珍貴的食物。
芸芸眾生皆努力求生。
豐衣足食，何其有幸。

世界上許多人看著手中的空碗，知道空碗
的狀態還會持續很久。因此向空碗致敬，就
跟對盛滿食物的碗致敬一樣重要。我們感恩
有食物可吃，也尋找方法幫助挨餓的人。

結束用餐

我的碗空了。
我的飢餓滿足了。
我發願活著
就是要利益眾生。

用完餐後，別急著做下一件事，而是稍微感恩剛才享用的食物，還有成就這一刻的所有因緣。有時候，我們只在用餐前表示感恩，吃完後就兩袖一甩走人，但其實我們吃飽喝足時的感恩程度，跟用餐前念誦食存五觀時，應該是一樣的。平和快樂的生活是表達感恩的最佳方式，也是我們帶給世界和下一代最大的禮物。

握著一杯茶

雙手握著這杯茶，
圓滿捧著正念。
我的身心安住在
此地當下這一刻。

　　無論在哪裡喝茶，不管是在工作場所、咖啡廳或家裡，能夠撥出足夠的時間品嚐手中的茶，是很幸福的。天冷的話，你可以感受到手中茶杯散發的溫暖。吸氣時念誦第一句，呼氣時念誦第二句，再次吸氣念誦第三句，再次呼氣念誦第四句。這麼正念呼吸，

就能讓自己恢復元氣，這杯茶也再次成為人間極品。如果缺乏正念，喝進去的就不是茶，而是自己的妄念煩惱。如果茶變得真實，我們也變得真實。真正與茶相遇時，我們在那一剎那便是真正地活著。

幫嬰兒洗澡

**清洗碗盤
就像幫小佛陀洗澡。
俗即是聖。
凡夫心即是佛心。**

清理廚房或清洗碗盤時，要像在整理佛壇或幫嬰兒洗澡一般。這麼清洗，內在和周圍都會散發喜悅與平靜。只有在沒有洗碗的時候，討厭洗碗的念頭才會出現。一旦捲起衣袖、站在水槽前、雙手接觸了溫水，這時洗碗一點也不讓人討厭。我享受慢慢清洗每只碗盤的時光，全然覺察到碗盤、水，還有手的每個動作。我知道，要是為了趕快去吃甜

點或喝茶而匆匆洗碗，那麼洗碗的時光就令人討厭了。這樣很可惜，因為碗盤是奇蹟，我站在這裡洗碗也是奇蹟！

如果我沒有辦法開心地洗碗，如果我為了去吃甜點、喝茶，而想快點把碗洗好，那麼就算坐下來要吃茶點了，我也同樣沒有辦法開心享用。我手中握著茶杯，心裡卻想著接下來要做什麼，這時就品嚐不到茶的清香和甘味，喝茶的愉悅也跟著消失。我會一直被拉到未來，永遠沒辦法活在當下。洗碗的時光，跟其他時刻一樣重要。

廚餘堆肥

在垃圾裡，我看見玫瑰。
在玫瑰裡，我看見垃圾。
一切都在變化。
就連恆常也無常。

每次回收廚餘時，味道都很難聞。腐爛有機物的臭味尤其刺鼻，卻是讓花園土壤肥沃的優質堆肥。芳香的玫瑰和發臭的垃圾是一體的兩面，同時存在。少了一個，另一個就無法成就自身。一切都在變化之中；玫瑰在六天之後枯萎，化作堆肥，堆肥在六個月之後，轉變成玫瑰。

脫困之道

我知道大地是我的母親，
是偉大的生命。
我誓願保護大地，
大地也保護我。

我們練習以正念飲食，不只是為了療癒自己和家人好友，也為了幫助世界脫離困境。

為了維持身心和大地的健康、不給自己和他人造成痛苦，我們意識到要吃什麼和不要吃什麼。正念飲食是脫困之道，不只是脫離個人困境，也脫離戰爭、貧窮和氣候危機。地球現在需要我們用正念攝取食物，人類才有繼續存活、蓬勃發展的希望。

相 關 書 籍

《覺醒的喜悅》（*Awakening Joy*）
　　詹姆士・巴拉茲（James Baraz）與蘇珊娜・
　　亞歷山大（Shoshana Alexander）合著

《自在》（*Be Free Where You Are*）　　　一行禪師 著

《當下自在》（*Being Peace*）　　　　　　一行禪師 著

《呼吸，你活著》（*Breathe, You are Alive!*）
　　　　　　　　　　　　　　　　　　　　一行禪師 著

《一根胡蘿蔔、一世界》（*The Cosmos in a Carrot*）
　　　　　　　　　　　袁卡門（Carmen Yuen) 著

《深度放鬆》（*Deep Relaxation*）
　　　　　　　　真空法師（Sister Chan Khong）著

《幸福》（*Happiness*）　　　　　　　　　一行禪師 著

《怎麼坐》（*How to Sit*）　　　　　　　　一行禪師 著

《回到家，我看見真心》（*Making Space*）
　　　　　　　　　　　　　　　　　　　　一行禪師 著

《一次一小口》（*Small Bites*）

　　　　　　安娜貝爾・金澤爾（Annabelle Zinser） 著

《正念時刻》（*Moments of Mindfulness*）

　　　　　　　　　　　　　　　　　一行禪師 著

《十次呼吸得快樂》（*Ten Breaths to Happiness*）

　　　　　　格倫・施奈德（Glen Schneider）著

國家圖書館出版品預行編目資料

怎麼吃 / 一行禪師著（Thich Nhat Hanh）；吳茵茵譯. --
初版. -- 臺北市：大塊文化, 2015.10
面；　公分. --（smile ; 124）（跟一行禪師過日常）
譯自 : How to eat
ISBN 978-986-213-639-3（平裝）

1. 佛教修持

225.87　　　　　　　　　　　　　　　104018308